W0233617

E.G. LÜTTGAU VERLAG

Copyright 2012 by E.G. Lüttgau Verlag
Auf Erschberg 51 · 53945 Blankenheim
info@eg-luettgau-verlag.de · www.eg-luettgau-verlag.de

Verantwortlich für den Inhalt: Henning Krautmacher und Ernst Vleer
Herausgeber: Ernst Lüttgau
Fotos: Joachim Badura, Henning Krautmacher, Ernst Vleer, Stephan Pick, Roland Böndel,
Steven Mahner, Manfred Herrig, Jens Billaudelle, kiono - Fotolia.com, Mervana - istockphoto.com
Lektorat: Anke Krautmacher, Michaela Latour
Layout: Billaudelle - Agentur für Medien, Design und Illustration
www.billaudelle.de
Druck: Print Consult GmbH

Alle Rechte, auch die des Nachdrucks, der Wiedergabe in jeder Form und der Übersetzung in andere Sprachen, behält sich der Verlag vor. Es ist ohne schriftliche Genehmigung des Verlages nicht erlaubt, das Buch und/oder Teile daraus auf fotomechanischen Weg zu vervielfältigen oder unter Verwendung elektronischer bzw. mechanischer Systeme zu speichern, systematisch auszuwerten oder zu verbreiten.

ISBN 978-3-929721-15-7

Kochen mit

KaGee

das Gewürzwunder

Was ist KaGee?

KaGee ist eine „original kölsche Gewürzzubereitung" – so die offizielle Bezeichnung. Es ist im Handel erhältlich in gemahlener Form, als Fertigprodukt, zum Würzen von Fleisch, Fisch, Gemüse, Teigwaren, Suppen, Saucen, Dips, Brotaufstrich und mehr. Darüber hinaus aber auch in einer Gewürzmühle erhältlich zum Nachwürzen, Verfeinern und Dekorieren von Speisen.

Durch Kombination von insgesamt 33 verschiedenen Gewürzen, Salzen, Kräutern und Naturaromen ist es gelungen, mit KaGee ein Gewürzwunder zu kreieren, dass es erlaubt, den Gewürz-Schrank in einem normalen Haushalt auf ein Minimum zu reduzieren. Zucker, Salz und KaGee – das ist alles, was man in Zukunft benötigt, um schmackhafte und herzhafte Gerichte zubereiten zu können.

Der Duft von KaGee mutet fernöstlich an und der Geschmack der Gewürzzubereitung bedient Zunge und Gaumen derjenigen, die neben dem Herzhaften auch Platz haben für angenehme Fruchtsüße und eine leichte Schärfe. Dabei wird KaGee niemals aufdringlich oder verdrängt den Geschmack und das Aroma der eigentlichen Grundspeise. Vielmehr geht es eine geschmacksfördernde Verbindung ein, die jedes Gericht zukünftig unverwechselbar macht.

Die in diesem Buch dargestellten Rezepte sind Beispiele und Anregungen dafür, wie vielseitig KaGee verwendet werden kann. Der Fantasie sind dabei keine Grenzen gesetzt. Der persönliche Geschmack lässt sich mit mehr – oder weniger – jederzeit spielend bedienen.

KaGee – das Gewürzwunder – die Zukunft der modernen Küche.

Ein kleiner Hinweis in eigener Sache:

Bei den Rezepten in diesem Kochbuch handelt es sich um eine erste Auswahl von Möglichkeiten, mit der Gewürzzubereitung „KaGee – das Gewürzwunder" zu arbeiten. Das Anwendungsfeld für KaGee ist sicherlich noch weitaus größer und umfassender. Bekanntlich sind ja der Fantasie niemals Grenzen gesetzt und somit mag diese Küchenliteratur gerne als Anregung verstanden werden für diejenigen, die sich berufen fühlen, ihre eigenen Rezepte durch die Verwendung von KaGee zu verändern – oder ihre Lieblingsrezepte aufzupolieren und zu variieren.

Die Mengenangaben der einzelnen Rezepte sind – wenn nicht ausdrücklich anders erwähnt – immer für vier Personen bestimmt. Die Mengenangaben bei der Verwendung von Gewürzen, insbesondere von „KaGee – das Gewürzwunder", sollten nur als Empfehlung verstanden werden. Entscheidend ist immer der persönliche Geschmack und bei der Zubereitung gilt die Faustregel: Weniger – ist manchmal mehr! Zuviel gewürzt, bedeutet oft, dass man es nicht mehr rückgängig machen kann. Nachwürzen ist deshalb die klügere Variante.

Durch Ausprobieren findet sich die individuelle – und damit perfekte Dosierung.

Viel Spaß und Erfolg beim Nachkochen und beim Würzen mit KaGee.

Ernst Vleer

Schon immer war die Gastronomie ein wichtiger Lebensinhalt des 1960 geborenen und ausgebildeten Küchenmeisters. Im Oberbergischen Land, vor den Toren Kölns, lebt der selbstständige Unternehmer und Betreiber der „ProGast GmbH" gemeinsam mit seiner Ehefrau Ellen und seinen beiden Söhnen in Ründeroth.

Einige Stationen seines Werdegangs als Koch waren das Prominenten-Casino des WDR, seine Assistenzzeit bei Sternekoch Helmut Schweden in der „Remise" in Köln Müngersdorf, internationale Anstellungen auf den niederländischen Antillen in Südamerika bis hin zur Position des Küchenchefs im „Fountainebleau-Hilton" in Florida.

Doch trotz dieser internationalen Karriere zog es ihn wieder zurück in die Schatten der Domtürme, die Wiege seiner beruflichen Bestimmung. Eine weise Entscheidung, denn schon bald wurde er Vorstandsmitglied des „Colonia Kochkunstvereins" und war maßgeblich an der Entwicklung zum erfolgreichsten Köche-Verband Deutschlands beteiligt. Heute ist er der Präsident der Vereinigung und beständig darum bemüht, die Kochkunst mit neuen Ideen zu beflügeln.

Henning Krautmacher

Ist im „bürgerlichen Leben" Musiker und Sänger der Kölner Musikgruppe „HÖHNER" und lebt in Stommeln bei Köln. Die Kochleidenschaft des 1957 in Schlebusch Geborenen, ereilte ihn bereits als kleiner Junge - wen wundert es - war sein Vater doch gelernter Bäcker, Konditor und Koch und seine Mutter die Tochter eines Müllers mit eigener Mühle und Bäckerei.

Nach den Kochbüchern „Kölsch für ze müffele", „Hennings Suppen", „Kölsche Tapas" und „Kölsche Sushis" (gemeinsam mit Gabriella Christ), ist das vorliegende Buch „Kochen mit KaGee" das nunmehr fünfte Produkt in Sachen Küchenliteratur, das seine Handschrift trägt.

Gemeinsam mit Ernst Vleer, der als ausgebildeter Koch und Gastro-Unternehmer die Idee dazu lieferte auf dem Gebiet der Gewürzzubereitung kreativ zu werden, konnte dieses Nachschlagewerk für die moderne und geschmacksintensive Küche entstehen.

Mehr Informationen zur Person gibt es auf seiner Homepage unter
www.henning-krautmacher.de

Vorwort

Als mein Freund Henning Krautmacher nach der „Geburt" unserer Gewürzzubereitung „KaGee - das Gewürzwunder" mit der Idee auf mich zukam, ein Kochbuch zu schreiben, war ich zunächst ein wenig skeptisch. Kochbücher hatte ich bis dato aus rein beruflichem Interesse nur gelesen. Einige waren gut und andere – nun – es gibt im Leben immer Licht und Schatten.

Dennoch: Ich fand die Idee klasse, einmal die Möglichkeit zu nutzen, um alte, durchaus bewährte Rezepte zu erneuern und damit wirklich Neues zu schaffen. Etwas Leckeres! Etwas Sinnliches oder zumindest die Sinne Betörendes abzuliefern. Rezepte zu entwickeln, die nicht nur der Profi, sondern auch die Hausfrau und der Hobbykoch spielend leicht umsetzen können.

Gutes Kochen bedeutet, bereit zu sein, zu experimentieren und das wiederum heißt: Gewinnen. Dabei ist Kreativität gleichzusetzen mit Individualität! Ich behaupte, dass jeder kochen kann! Man muss sich nur trauen! Dieses Kochbuch soll unterstützend darauf einwirken!

Das Anliegen von Henning Krautmacher und mir beim Studium und Umgang mit Gewürzen war: etwas wirklich Neues zu kreieren. Ein Gewürz mit der aufregenden Note von Fernost, welches durch die Zusammenstellung feinster Zutaten unverkennbar ist – aber dennoch immer den Eigengeschmack des

Grundproduktes zulässt. Ob uns das gelungen ist, das mag der geneigte Konsument selber entscheiden.

In diesem Sinne sei mir noch ein persönlicher Tipp gestattet: Kochen sollte man nur mit den Zutaten, die man ganz persönlich mag. Das gilt für den Schuss Wein zum Ablöschen von Speisen genauso wie für den guten Tropfen, den man direkt und genüsslich aus dem Glas konsumiert. Möge KaGee - das Gewürzwunder den persönlichen Geschmack möglichst vieler Menschen treffen.

Ernst Vleer

Vorwort

Ja – es ist wahr! Es gibt eine neue Gewürzmischung mit Namen „KaGee", die von einer
Hand voll Männer im Jahre 2012 zusam-
mengestellt, ja – komponiert wurde. Neben
Ernst Vleer, Harald Weihe, Jörg Angermann
und Dirk Porip, gehörte ich – Henning
Krautmacher – zum Kreise der Tüftler und
bald darauf zum Kreise der Geheimnisträger,
die die Rezeptur nun hüten wie ihren Augapfel.

In meinem Leben habe ich – insbesondere Journalisten – schon jede Menge Fra-
gen beantwortet. Wenn ich mir vorstelle, dass man mich nun möglicherweise fra-
gen wird: „Wie kommt man denn auf die Idee, eine Gewürzmischung zu
kreieren?", dann müsste ich erwidern: „Es ist mir selber ein Rätsel! Geplant war es
jedenfalls nicht – und doch ist es irgendwie folgerichtig!" Warum? Nun: seit meiner Grundschulzeit beschäftige ich mich gerne kreativ. Das Spiel mit Worten ge-
hört aus meiner Sicht genauso in den Bereich des Komponierens wie das kreative
Zusammenfügen von einzelnen Tönen zu einer wohlklingenden Melodie. Es muss
aber nicht nur der Hör-Sinn sein, den es zu befriedigen gilt. Man kann ja auch mit
Farben komponieren – also malte bzw. male ich. Man kann auch mit Lebensmit-
teln komponieren – also koche – bzw. erfand ich zahlreiche Rezepte, die ich in
unterschiedlichen Kochbüchern veröffentlicht habe. Im Rahmen einer „Pancha-
karma Kur" in einer Ayurveda-Klinik auf Sri Lanka habe ich dann im Jahre 2004
vieles im Umgang mit Gewürzen gelernt. Die unterschiedliche Wirkung von Kräutern und exotischen Gewürzen auf das menschliche Wohlbefinden, das Immunsys-
tem – ja auf Psyche und Physis.

Die ayurvedische Philosophie, dass der Mensch täglich alle sechs möglichen Ge-
schmacksvarianten, nämlich: süß, sauer, salzig, scharf, bitter und herb zu sich
nehmen sollte und die Vielfalt der Möglichkeiten, Gewürze, Kräuter und Salze so
zu kombinieren, dass ein neues Ganzes dabei herauskommt, dass mitunter die
Sinne betören kann.

Als ich vom Ayurveda-Klinik-Koch in seine Geheimnisse für die Herstellung von
Curry eingeweiht wurde, da kapierte ich schnell, dass unser – in Deutschland
verbreitetes Curry-Pulver – gewiss eine beliebte und vor allem sehr populäre Gewürzmischung ist, dabei aber nur einen Bruchteil der Möglichkeiten darstellt, wie
unterschiedlich Curry hergestellt – und wie aromatisch, andersartig Curry sein
kann. Ich persönlich schätze seit dieser Erkenntnis meinen immer geringer wer-
denden Vorrat an geröstetem Curry von tiefdunkler brauner Farbe, den ich damals
dem Chefkoch abgekauft hatte, mehr als jede andere Form von Curry-Pulver, die
ich je im Handel erwerben konnte.

Mein Umgang mit Gewürzen, mein Respekt vor der Welt der Aromen und Düfte,
resultierend aus den Naturprodukten der Trockengewürze, Blüten, Körner und
Rinden hatte sich schlagartig geändert. Würzen ist mehr als süß, sauer, salzig,
scharf, bitter oder herb ... Würzen ist eine Kunst.

Dennoch brauchte es einige weitere Jahre, bis das Schicksal mir endlich die
Chance bot, die Türe, den Zugang zur Artenvielfalt des Gewürze-Universums zu
durchschreiten und tatsächlich selber kreativ werden zu können.

Ernst Vleer, Vorsitzender des „Colonia Kochkunst-Vereins", sprach mich bei einer Benefizveranstaltung darauf an, ob ich mir vorstellen könne, mit ihm gemeinsam eine Gewürzmischung zu kreieren, die das Lebensgefühl der Rheinländer verinnerlicht - also eine „kölsche Gewürzmischung" zu schaffen.

Ich war sofort Feuer und Flamme! Eine kölsche Gewürzmischung? Unverkennbar wie der kölsche Dialekt! Einvernehmend und ansteckend wie das rheinische Temperament. Bunt wie der Mix der Kulturen in der Domstadt und farbenfroh wie der Karneval in Kölle. Ein Kölsches Gewürz: KaGee! Wunderbar!

Der Willenserklärung folgte der Zugriff auf den – aus meiner Sicht – größtmöglichen Fundus der edelsten Gewürze im Lager des kompetentesten Unternehmens in Sachen Geschmack und Aroma: die heiligen Gewürzhallen von „Hela" in Ahrensburg. Hier entstand mit Hilfe erfahrener Techniker, Köche und „Gewürzakrobaten" – Enthusiasten und Visionäre – KaGee. Eine Allround-Waffe in Sachen „Lecker kann so einfach sein".

Wie? Das sollen die Rezepte und Ideen dieses Kochbuches von Ernst Vleer und mir mit Hilfe von KaGee demonstrieren.

Viel Spaß damit und mit KaGee

Henning Krautmacher

Inhalt

Rote Paprikasuppe

Zubereitung

Zwiebel schälen und würfeln. Die roten Paprika waschen, entkernen und in Stücke schneiden.

Das Öl im Topf erhitzen, Zwiebelstücke und die Paprikastücke mit einem Teelöffel Salz oder mit Sojasauce in heißem Öl kurz anbraten.

Das Ganze mit 100 ml Wasser ablöschen und bei geschlossenem Deckel ca. 15 Minuten gar kochen.
Im Mixer die weichen Paprikastücke fein pürieren und mit einem bis zwei Teelöffel KaGee (je nach gewünschtem Geschmack) abschmecken.

Zum Garnieren den abgeschnittenen Strunk der Paprika verwenden und die fertige Suppe im Teller mit etwas KaGee aus der Mühle bestreuen.

KaGee-Spätzle

Zutaten

4 Eier

250 Gramm Mehl

100 ml Milch

20 ml Olivenöl

½ Teelöffel Salz

KaGee

Zubereitung

Das Mehl mit den Eiern, der Milch und dem Salz mit einem Mixer zu einem zähfließenden Teig vermengen. Anschließend ein bis zwei Teelöffel KaGee (je nach gewünschtem Geschmack) hinzugeben und nochmals gut unterrühren.

In einen großen Topf zwei bis drei Liter leicht gesalzenes Wasser zum Kochen bringen und den Teig mittels einer Spätzle-Reibe in das kochende Wasser geben. Bereits nach ein bis zwei Minuten – wenn die Spätzle an der Wasseroberfläche schwimmen – können sie mit einem Schaumlöffel entnommen und auf einem Teller angerichtet werden.

Die fertigen KaGee-Spätzle können nun nach Belieben verfeinert, angereichert und garniert werden. Wie zum Beispiel mit Lauchzwiebelabschnitten oder Schnittlauch und Tomatenscheiben. Mit Parmesan-Käse. Mit gedünsteten Paprika-Würfeln, mit Pfifferlingen und vielem mehr, was der saisonal bedingte Markt gerade hergibt.

Lachsfilet an Erbspüree-Spiegel

Zubereitung

Die Kartoffeln schälen, waschen, in Würfel schneiden und in leicht gesalzenem Wasser zusammen mit den Erbsen ca. 20 Minuten gar kochen. Das Wasser abgießen und die Kartoffeln und Erbsen mit einem Mixer unter Zugabe von etwas Butter fein pürieren und mit Salz abschmecken. Etwas Sahne unterrühren, bis die Masse eine flüssig bis feste Konsistenz hat.

Die Lachsfilets unter fließendem Wasser waschen und ungewürzt in einer Pfanne mit heißer Butter bei mittlerer Hitze von beiden Seiten goldbraun braten. Nach dem ersten Wenden der Filets, den Lachs mit etwas Limettensaft beträufeln und erst kurz bevor die Filetstücke gar sind, mit KaGee-Pulver bestreuen.

Das Erbspüree auf einem angewärmten Teller zu einem dünnen Spiegel ausbreiten und die Lachsfilets darin anrichten. Den Fischfond in der Pfanne mit etwas Sahne ablöschen, kurz aufkochen und ggf. nachwürzen.

Die Lachsfilets damit garnieren, ein paar Limettenscheiben anlegen und das Ganze mit etwas KaGee aus der Mühle bestreuen.

Dazu Tomatensalat.

Zutaten

Vier Lachsfilets

200 Gramm Kartoffeln

200 Gramm frische (oder tiefgefrorene) Erbsen

Olivenöl

2 Limetten

Butter

Sahne

Salz

KaGee

KaGee-Eier-Nudeln

Zubereitung

Mehl, Eier und KaGee in einer Rührschüssel miteinander verkneten, dass daraus ein fester Teig entsteht. Mit den Händen sorgfältig so lange kneten, bis der Teig nicht mehr klebt. Je nachdem, ob zu trocken oder zu feucht, noch etwas Mehl hinzufügen oder durch Zugabe von ein paar Tropfen Wasser ausgleichen.

Den fertigen Teig zu einer Rolle von ca. fünf Zentimeter Durchmesser formen und in etwa drei Zentimeter breite Abschnitte aufteilen. Die einzelnen Abschnitte mit Hilfe einer Nudelmaschine nach Anleitung walzen und anschließend in die gewünschte Nudelart schneiden (Spaghetti oder Tagliatelle). Die so entstandenen Nudeln auf einem trockenen Untergrund (z.B. Küchenhandtuch) ca. eine Stunde ruhen lassen.

In Salzwasser in wenigen Minuten - je nach Geschmack - weich oder „al dente" kochen. Das Salzwasser durch ein Sieb oder eine Seihe abgießen und die Nudeln in einem tiefen Pasta-Teller anrichten. Rezeptbeispiele auf den folgenden Seiten.

Mailänder-Nudeln mit Mozzarella

Reiner Calmund,

der ehemalige Fußballmanager – jetzt kompetent in Sachen gut Essen und Trinken.

Zubereitung

Zunächst die Tomaten in kochendem Wasser kurz überbrühen, mit kaltem Wasser abschrecken und enthäuten. In Würfel schneiden, leicht salzen und in einer Pfanne mit etwas Olivenöl bei geschlossenem Deckel etwa zehn Minuten köcheln lassen. Dabei gelegentlich umrühren. In der Zwischenzeit die Schalotten und die Knoblauchzehen schälen und klein hacken. Staudensellerie waschen und in ca. 1 Zentimeter breite Abschnitte schneiden. Schalotten, Knoblauch und Sellerie in heißem Olivenöl in einer zweiten Pfanne andünsten und dann die Tomatenmasse dazugeben. Mit zwei Teelöffel KaGee würzen und nochmals bei geschlossenem Deckel und mittlerer Hitze ca. 15 Minuten leicht köcheln lassen.

Paniermehl, Parmesan und KaGee gut miteinander vermischen und in einen tiefen Teller geben. Die Mozzarella-Scheiben in Mehl – anschließend im aufgeschlagenen Ei – und abschließend in der Mischung aus Paniermehl, Parmesan und KaGee wälzen. Butter in einer beschichteten Pfanne auslassen und die Mozzarella-Scheiben von beiden Seiten goldbraun backen.

Die gekochten KaGee-Nudeln in einem Pasta-Teller anrichten. Tomaten-Sellerie-Sauce in die Tellermitte geben und abschließend zwei Mozzarella-Scheiben aufsetzen. Etwas KaGee aus der Mühle obenauf und mit einem Glas Pinot Grigio servieren.

Die Kölner Variante dieses Rezeptes sieht statt Mozzarella-Käse, „Flönz-Scheiben" vor (Blutwurst-Scheiben) und statt des Weins, ein frisch gezapftes Kölsch.

Zutaten

500 Gramm Tagliatelle-Nudeln (siehe „KaGee-Eier-Nudeln")

6 große Tomaten

3 Stangen Staudensellerie

2 Schalotten

2 Knoblauchzehen

Mozzarella-Käse (8 Scheiben jeweils ca. ein Zentimeter dick)

1 Ei

50 Gramm Weizenmehl (Type 405)

50 Gramm geriebenen Parmesan

50 Gramm Paniermehl

KaGee

Olivenöl

50 Gramm Butter

Zutaten

Rucola-Pesto
100 Gramm Rucola
3 Lauchzwiebeln
3 Esslöffel Rapsöl
2 Esslöffel Kürbiskerne
2 Esslöffel Sonnenblumenkerne
1/4 Teelöffel Salz
1 Teelöffel KaGee

Tomaten-Pesto
frische Kirschtomaten
(Menge nach Belieben)
Olivenöl
KaGee

KaGee-Dill-Creme
150 Gramm Schmand
2 Teelöffel gehackten Dill
Salz
KaGee

Zubereitung

Rucola-Pesto

Rucola waschen und anschließend gut trocknen. In ein Püriergefäß geben und mit dem Rapsöl übergießen. Lauchzwiebeln waschen, Wurzeln entfernen, in grobe Abschnitte schneiden und zu den Rucolablättern geben. Salz und KaGee dazu geben und das Ganze fein pürieren. Ggf. nachwürzen – je nach Geschmack. Abschließend die Körner hinzufügen und nochmals fein pürieren. Im Mini-Einweckglas anrichten. Dazu: Brotmischung oder Gemüse-Sticks.

Tomaten-Pesto

Tomaten waschen, in ca. ein Zentimeter dicke Scheiben schneiden und auf Backpapier auslegen. Das Backpapier vorher mit KaGee bestreuen und die ausgelegten Tomatenscheiben auch von oben mit KaGee bestreuen. Im Backofen bei 80 Grad ca. vier Stunden lang behutsam trocknen, bis die Tomatenscheiben eine „gummiartige" Konsistenz erreicht haben. Nachdem die Tomatenscheiben abgekühlt sind, mit etwas Olivenöl (Faustregel: je 100 Gramm Fruchtfleisch ca. ein Esslöffel Öl) mit dem Pürierstab fein pürieren. Im Mini-Einweckglas anrichten. Dazu: verschiedene Brotsorten oder diverse Gemüse-Sticks wie Möhre, Gurke, Staudensellerie etc.

KaGee-Dill-Creme

Schmand und Dill vermischen und das Ganze leicht salzen. Erst dann mit KaGee (Menge nach Geschmack) würzen. Im Mini-Einweckglas anrichten. Zur Dekoration etwas KaGee aus der Mühle obenauf. Dazu: Brotmischung oder Gemüse-Sticks.

Broccoli und Blumenkohl

Zubereitung

Den Blumenkohl und Broccoli waschen, den jeweiligen Strunk abschneiden und beide in zwei Töpfen mit reichlich Salzwasser ca. 10 Minuten (al dente) kochen. Danach gut abtropfen lassen und in einer flachen Schale noch ca. fünf Minuten bei 80 Grad in den Backofen stellen.

2/3 der Butter (ca. 70 Gramm) in einer beschichteten Pfanne auslassen. Das Paniermehl mit KaGee vermischen und in der ausgelassenen Butter unter ständigem Rühren dunkelbraun rösten.

In einem kleinen Topf die restliche Butter auslassen, das Mehl darüber stäuben und mit der Milch vorsichtig aufkochen. Dabei ständig mit einem Schneebesen umrühren, damit sich keine Klumpen bilden. Die sämige Sauce mit etwas Salz abschmecken und unmittelbar vor dem Servieren über den Blumenkohl und Broccoli geben. Das geröstete KaGee-Paniermehl obenauf streuen. Dazu Fleisch oder Fischbeilagen nach Wahl.

Zutaten

1 Blumenkohl (ca. 500 Gramm)
1 Broccoli in vergleichbarer Größe des Blumenkohls
100 Gramm Paniermehl
2 Teelöffel KaGee
100 Gramm Butter
2 gehäufte Esslöffel Weizenmehl
250 ml Milch
Salz

KaGee-Panade

Zutaten

Paniermehl

Ei

KaGee

Butter

Nach Wahl: Fleisch, Fisch, Gemüse, Käse (Schafskäse oder Camembert)

Zubereitung

100 Gramm Paniermehl mit ein bis zwei Teelöffel KaGee (je nach Geschmack) vermischen. Fleisch (hier Putenbrust), Fisch, Gemüse oder Käse nicht zusätzlich salzen oder pfeffern, sondern im aufgeschlagenen Voll-Ei wenden und anschließend in der KaGee-Paniermehl-Mischung wälzen.

In einer Pfanne mit reichlich ausgelassener Butter von allen Seiten goldbraun ausbacken und mit Beilagen nach Geschmack anrichten.

Pizza Pomodoro Colonia

Zubereitung

Das Mehl mit Salz und KaGee in einer Rührschüssel mischen. Ca. 250 ml von dem warmen Wasser entnehmen, die Hefe und den Honig darin auflösen und einige Minuten ruhen lassen. Die Hefelösung mit Knethaken langsam unter das Mehl rühren - und nach und nach die restliche Flüssigkeit hinzufügen. Den entstehenden Teig solange mit den Knethaken weiter bearbeiten, bis er sich vom Rand der Rührschüssel löst. Jetzt eine Arbeitsfläche mit etwas Mehl bestäuben und den Hefeteig noch etwa fünf Minuten mit der Hand weiter kneten. Die nun entstandene Teigkugel mit einem Tuch abgedeckt an einem warmen Ort ca. 45 Minuten „gehen lassen", bis sich die Masse deutlich vergrößert hat. Nun den Teig noch einmal gründlich mit den Händen durchkneten und in fünf gleichgroße Teile schneiden. Daraus vier gleichgroße Kugeln und eine Rolle von ca. vier Zentimeter Durchmesser formen. Die Teigkugeln auf runden, eingefetteten Pizza-Backblechen erneut ca. 20 Minuten gehen lassen. Die Teigrolle in ca. 15 gleich breite Abschnitte schneiden und diese dann ebenfalls auf ein eingefettetes Backblech legen. Backofen auf größtmögliche Hitze vorheizen (mind. 250 Grad). Die Brötchen etwa zehn Minuten backen, bis sie goldbraun sind. Sobald die Brötchen aus dem Backofen kommen - eine Mischung aus Olivenöl und etwas Knoblauchsalz mit einem Küchenpinsel aufstreichen. Warm servieren!

Den Pizzateig nun mit der Hand gleichmäßig auf den vier Backblechen verteilen (andrücken). Auf dem Teig (pro Pizza) vier Esslöffel von den passierten Tomaten verteilen. Mozzarella in dünne Scheiben schneiden und flächendeckend auf der Pizza verteilen.

Diese Pizza nun ca. zehn Minuten im vorgeheizten Backofen backen, bis der Mozzarella-Käse zerlaufen ist und beginnt, eine leichte Bräunung anzunehmen. Jetzt die getrockneten KaGee-Kirschtomatenscheiben auf der Pizza verteilen und noch weitere drei bis fünf Minuten backen. Bitte aufpassen, dass die Tomaten nicht zu dunkel werden. Vor dem Servieren noch mit KaGee aus der Mühle bestreuen. Bei der Zubereitung in einem Ofen mit offenem Feuer (wie abgebildet) sind die Backzeiten deutlich geringer. Weitere Pizzabeläge auf dem KaGee-Teig nach Belieben.

Zutaten

Für vier Pizzas und ca. 15 Pizza-Brötchen

Für den Teig:
1 kg Weizenmehl (Type 405)
1 Päckchen frische Hefe (42 Gramm)
1 Teelöffel Honig
1 gehäufter Teelöffel Salz
1 gehäufter Teelöffel KaGee
750 ml warmes Wasser

Für den Belag:
250 ml passierte Tomaten (aus der Dose)
6 Kugeln Mozzarella
reichlich Scheiben mit KaGee gewürzte, getrocknete Kirschtomaten und/oder Pizza-Belag nach Geschmack wie z.B. Parma-Schinken, Rucola, Thunfisch, …
sowie streufähiger Pizzakäse

Zutaten

Für 12 Personen

700 Gramm Rindergehacktes
700 Gramm Schweinegehacktes
5 Gemüsezwiebeln (fein gehackt)
2 Esslöffel Olivenöl
1200 Gramm Sauerkraut
400 Gramm Champignons in Scheiben (aus der Dose oder Glas)
5 eingelegte süße Gewürzgurken (grob gewürfelt)
1 Flasche (340 Gramm) Hela Schaschlik Gewürz Ketchup
2 Liter Gemüsebrühe
1 Esslöffel KaGee
Salz
200 Gramm Creme fraiche

Ein Rezept, persönlich gekocht von Erna Klum und die Lieblingssuppe ihrer Tochter Heidi. Jetzt mit KaGee zubereitet.

Zubereitung

Das Hackfleisch zusammen mit den Zwiebeln braun anbraten. Sauerkraut, Champignons (mit der Flüssigkeit) und Gurken unterrühren. Schaschliksauce und Gemüsebrühe dazugeben und kurz aufkochen.

Das Ganze ca. 45 Minuten auf kleiner Flamme unter gelegentlichem Rühren köcheln lassen. Mit KaGee würzen und gegebenenfalls noch mit etwas Salz abschmecken.

Erst ganz zum Schluss die Creme fraiche dazu geben.

Buntes Pastetchen

Zubereitung

Die Hühnerbrüstchen in etwa 1x1 cm große Würfel schneiden, mit Kagee würzen und in der heißen Margarine anbraten. Mit Weißwein ablöschen und mit der Oystersauce und der Sahne auffüllen. Die in Salzwasser gekochten Blumenkohl-Röschen dazu geben. Das Ganze reduzieren und mit etwas Salz nachwürzen.

In den Blätterteigpastetchen anrichten und mit KaGee aus der Mühle bunt dekorieren.

Frischer Dorsch mit Bananen-Schalotten Confit

Zutaten

ca. 600 Gramm frischer Dorsch

1 Zitrone

Meersalz

1 Esslöffel KaGee

gemahlener, gerösteter Kakao

2 feste Bananen

2-3 Schalotten

50 ml Olivenöl

200 Gramm frischer Lauch

schwarzer Pfeffer aus der Mühle

Zubereitung

Den frisch geputzten Dorsch auf etwa 1 cm dicke Filets schneiden und mit Zitrone und etwas Meersalz würzen. Die Filetscheiben auf einer Grillplatte (oder in der Pfanne) in etwas Olivenöl von beiden Seiten kurz braten, damit sie nicht zu trocken werden (der Fisch sollte in der Mitte noch leicht glasig sein).

Für das Confit (Kompott) die Schalotten in feine Würfel schneiden und in heißem Olivenöl anbraten, ohne sie Farbe annehmen zu lassen. Die ebenfalls fein gewürfelten Bananen dazu geben. Mit KaGee abschmecken. Den fein geschnittenen Lauch in Olivenöl anbraten und kräftig mit schwarzem Pfeffer aus der Mühle würzen. Den Fisch auf dem Lauch anrichten und mit dem Confit großzügig garnieren.

Gemüsezwiebel

Zubereitung

Zubereitung der Gemüsezwiebeln:

Die Zwiebeln schälen und waschen. In dicke Scheiben (ca. 8 bis 10 Millimeter dick) schneiden und im Vacuumbeutel mit Olivenöl und Salz vacuumieren.

Bei 90 Grad im Dampfgarer dämpfen und dann abkühlen lassen. Die Zwiebeln müssen gegart – dürfen aber nicht zu weich sein. Aus dem Vacuum-Beutel entnehmen und mit Butter in einer Pfanne langsam braten, um die Zwiebeln nochmals zu garen (confit).

Zubereitung der Sauce:

Die Pistazien mit den Kräutern, KaGee und dem Olivenöl zerkleinern und mit Salz und gehackten Sellerieblättern abschmecken. Dann auf die goldgelben Zwiebelscheiben geben und servieren.

Zutaten

1200 Gramm Gemüsezwiebeln

100 ml Olivenöl

10 Gramm Salz

50 Gramm Butter

Zutaten für die Sauce:

20 Gramm KaGee

50 Gramm frische Kräuter nach Geschmack

40 Gramm Pistazien geröstet

50 ml kalt gepresstes Olivenöl

Sellerieblätter

Kaiserinnen-Eintopf

Kaisergemüse (frisch oder tiefgefroren)
das sind je 150 Gramm:
Blumenkohl
Broccoli und Möhren
je eine rote, gelbe und grüne Paprika
150 Gramm Zuckererbsen-Schoten
2 große Fleischtomaten
(oder 100 Gramm Tomatenmark)
3 Zwiebeln
400 Gramm gekochte Pellkartoffeln
(Drillinge)
2 Bund Schnittlauch
1 Becher Schmand
200 Gramm Schmelzkäse
1,5 Liter Gemüsebrühe
1 Teelöffel Salz
Rapsöl und Olivenöl
2 gehäufte Teelöffel KaGee

Marie-Luise Marjan,
die „Mutter Beimer" aus der Lindenstraße, liebt Gemüse auf
jede Art. Ihr ist das folgende Rezept gewidmet –
Ihr als „Kaiserin der Nation".

Zubereitung

Broccoli, Möhren (geschält), Blumenkohl, rote, gelbe und grüne Paprika (entkernt) und Zuckererbsen-Schoten waschen, Strunk oder Wurzeln entfernen und in Stücke schneiden. 2 große Fleischtomaten mit kochendem Wasser überbrühen und anschließend die Haut abziehen, würfeln und in einem kleinen Topf in etwas Olivenöl andünsten und ca. zehn Minuten köcheln lassen. Dabei gelegentlich umrühren.

Die Zwiebeln schälen, grob hacken und in einem sehr großen Topf (mind. 3-5 Liter Fassungsvermögen) in 30 ml Rapsöl anschmoren. Die Gemüsestücke hinzugeben, unterrühren und mit der Gemüsebrühe angießen. Das Ganze aufkochen und ca. 10 Minuten bei kleiner Hitze köcheln lassen. Jetzt die Tomatenmasse (oder ersatzweise Tomatenmark) und die gar gekochten, gepellten, ganzen Kartoffeln hinzufügen und weitere fünf Minuten ziehen lassen. Den Schnittlauch fein hacken und zusammen mit dem Schmelzkäse und Schmand vorsichtig einrühren.

Den Eintopf mit Salz und KaGee nach Belieben abschmecken und in großen Suppenschalen mit etwas Graubrot servieren. Die angegebenen Mengen ergeben genug Kaiserinnen-Eintopf für zwei Tage, denn aufgewärmt schmeckt dieses Gericht am zweiten Tag noch besser.

Truthahngulasch in KaGee Tempura

Zubereitung

Truthahnbrust in ca. 1 Liter Wasser 30 Minuten kochen. Die gekochte Truthahnbrust aus dem Wasser nehmen, etwas abkühlen lassen, in gleichmäßige Würfel schneiden und über heißem Wasserdampf wieder erwärmen. Für die Sauce die Geflügelbrühe mit Sago, Salz und Chili etwa 20 Minuten köcheln, sodass die Brühe leicht andickt. Zitronengras, Paprika, Ananas und Ingwer in kleine Stücke schneiden und zusammen mit den Lauchzwiebelringen im heißen Öl kurz andünsten. Die angedickte Geflügelbrühe unterziehen und mit KaGee abschmecken.

Für den Tempurateig: ca. 15 Minuten vor dem Ausbacken alle Zutaten zu einem flüssigen Teig verrühren. Die glatten Petersilie-Blätter in den Teig tauchen und in 180 Grad heißen Öl 2 - 3 Minuten goldgelb ausbacken. Auf Küchenpapier abtropfen lassen und mit KaGee würzen. Das Ganze dann bei ca. 70 Grad im Backofen warm stellen.

Die Glasnudeln mit kochendem Wasser überbrühen und kurz gar ziehen lassen. Mittig auf vorgewärmten Tellern verteilen. Das Geflügel daran anrichten und mit der Sauce napieren (überziehen). Die ausgebackenen Blätter von glatter Petersilie in KaGee Tempura darauf verteilen. Gegebenenfalls noch mit fein gehackten, frischen Kräutern garnieren.

Zutaten

Für das Truthahngulasch:
ca. 400 Gramm gekochte Truthahnbrust
150 ml Geflügelbrühe
1 Teelöffel Sago
1 Teelöffel Meersalz
1 Messerspitze Chilipulver
1 Stück Zitronengras
1 rote Paprika
150 Gramm frische Ananas, geschält
20 Gramm Ingwer
1 Lauchzwiebel
1 Esslöffel Öl
100 Gramm Glasnudeln

Tempurateig:
Bitte erst etwa 15 Minuten vor dem Backen herstellen!
1 Eigelb
100 ml Eiswasser
60 Gramm Mehl, gesiebt
1/2 Teelöffel Backpulver

Tempura-Petersilie:
20 Blätter glatte Petersilie
Meersalz
KaGee
1 Liter Öl

Kalbsgratinee „Ellen"

Zutaten

8 Scheiben (je etwa 70 Gramm)
geschnittener Kalbsrücken

4 Scheiben Kochschinken

4 große Champignons

50 ml Sonnenblumenöl

1 Messerspitze pürierter Knoblauch

1 Schalotte (fein gewürfelt)

2 Esslöffel Butter

250 ml Kalbsfond

250 ml Sahne

1 Esslöffel Cognac

1 Esslöffel Gin

100 ml Weißwein

2 Eigelb

1 Teelöffel Zitronensaft

1 Teelöffel Dijon Senf

1 Esslöffel KaGee

Salz

Zubereitung

In einem Topf die Butter erhitzen. Die Schalotte und den Knoblauch darin anbraten. Dann den Dijon Senf hinzugeben. Mit Gin, Cognac und Kalbsfond ablöschen. Das Ganze dann mit der Sahne auffüllen, leicht reduzieren und nach Geschmack salzen. Zum Schluss die beiden Eigelb hinzugeben und aufrühren. Die Sauce darf dabei nicht zu heiß sein, damit das Eigelb nicht gerinnt.

Zwischenzeitig die mit KaGee gewürzten Kalbsrückensteaks ganz kurz in heißem Öl anbraten (maximal ½ Minute auf jeder Seite, damit sich die Poren schließen und das Fleisch schön saftig bleibt). Die in Scheiben geschnittenen Champignons ebenfalls anbraten.

Eine feuerfeste Auflaufform ausbuttern. Nacheinander die Kalbsrückensteaks, dann Champignons, etwas von der Sauce und den Schinken in der Form schichten. Den Rest der Sauce darüber geben und bei Oberhitze ca. 15 Minuten im vorgeheizten Backofen (170 Grad) goldbraun überbacken.

Sauerbraten mit KaGee

Zubereitung

Fertig eingelegten Sauerbraten (vom Metzger) in der entsprechenden Brühe nach Anleitung zubereiten. Den Bratenfond mit der Brühe aufgießen und leicht reduzieren. Die Rosinen in den Rum geben und eine Stunde aufquellen lassen. Den Honigkuchen in die Sauce bröckeln und unterrühren. Die sämige Sauce nach Geschmack mit KaGee würzen und durch ein feines Küchensieb streichen. Die Rum-Rosinen erst ganz zum Schluss dazu geben.

Tipp:

Die Sauerbraten-Scheiben in die heiße Sauce legen und das Ganze noch etwa 30 Minuten bei leichtem Köcheln darin ziehen lassen. Dadurch kommt die feine Schärfe von KaGee noch besser zur Geltung.

Dazu Rotkohl und Kartoffel-Klöße

Zutaten

- 1 kg Sauerbraten (fertig eingelegt)
- 1 ganzer Honigkuchen mit Zuckerstreuseln
- 1 Liter Sauerbraten Fond
- 1 Esslöffel KaGee
- 30 ml Rum
- 80 Gramm Rosinen

Zitronengrasschaum mit Riesengarnele

Zutaten

4 Riesengarnelen

2 Stangen Zitronengras

1 Schalotte

100 ml Weißwein

200 ml Sahne

500 ml Gemüse- oder Rinderbrühe

KaGee nach Geschmack

etwas Salz

40 Gramm Butter

Olivenöl

1 Eigelb

Zubereitung

Die Butter in einen Topf geben und die fein geschnittene Schalotte und ca. 2 Esslöffel zerkleinertes Zitronengras anbraten, ohne Farbe zu nehmen. Dann mit dem Weißwein ablöschen und ca. 1 leicht gehäuften Teelöffel KaGee dazu geben. Das Ganze rühren, bis der Wein fast verdampft ist. Die Brühe und die Sahne hinzugeben und alles leicht köcheln lassen, bis die Suppe eine leicht cremige Konsistenz aufweist. Mit einem Stabmixer das Ganze fein pürieren und durch ein feines Küchensieb geben. Erneut köcheln lassen und mit etwas Salz nachwürzen.

Kurz vor dem Servieren nochmal mit einem Schneebesen das Eigelb (vorher vom Eiweiß trennen) in der Suppe aufschlagen und anrichten.

Die Garnelen schälen, mit Kagee gut würzen und in Olivenöl anbraten, bis sie eine leichte bräunliche Farbe bekommen.

Das Zitronengras der Länge nach in vier gleichstarke Spieße teilen und halbieren.

Je eine Garnele damit aufspießen und in die Suppe geben.

Zubereitung

Die Salate putzen, waschen und mit der auf Streifen geschnittenen Gurke, Radieschen, Lauchzwiebeln und Tomaten kreativ anrichten. Die Mozzarella-Kugeln zum Schluss obenauf.

Mit einem Stößel die gerösteten Pistazien und Basilikum zerkleinern. Mit Olivenöl, KaGee und Essig (Menge nach Geschmack) vermischen und zu einer homogenen Masse verarbeiten. Das Dressing mit einem Löffel über die Salatkreation geben und mit Baguette oder Pizza-Brötchen servieren.

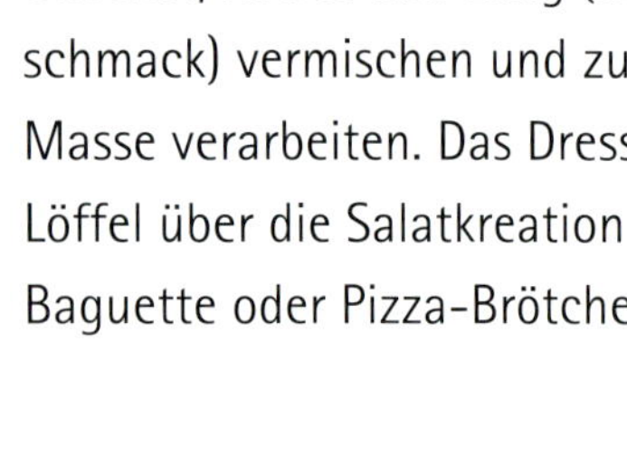

Zutaten

- verschiedene Blattsalate
- Tomaten
- Lauchzwiebeln
- Gurke
- Radieschen
- frische Kräuter wie Petersilie, Schnittlauch, Kerbel
- Mini Mozzarella
- Olivenöl
- Basilikum
- Pistazien
- Balsamico-Essig
- KaGee

US Snapperfilet vom Grill

Zutaten

ca. 600 Gramm Snapperfilet
(frisch vom Fischhändler)
300 Gramm Karotten
200 Gramm frische Paprika
(rot und grün)
1 Gemüsezwiebel
ca. 250 Gramm frische Zucchini
1 Zitrone
etwas Salz
2 Esslöffel KaGee
Olivenöl
50 Gramm Mehl

Zubereitung

Den Snapper unter fließendem Wasser waschen, mit Zitronensaft, Salz und KaGee würzen und dann leicht melieren. Beide Seiten in der Pfanne, in Olivenöl (oder auf dem Grill) etwa eine halbe Minute anbraten und zur Seite stellen (oder beim Grill, in die Region, die nicht erhitzt ist).

Die in Streifen geschnittenen Karotten, Paprika, Zucchini und die Gemüsezwiebel ebenfalls in der Pfanne oder auf der Grillplatte im Olivenöl anbraten und beliebig, nach Geschmack, mit KaGee würzen. Auf Tellern anrichten und den US Snapper obenauf legen.

KaGee-Frikadelle

Zubereitung

Die Brötchen im Wasser einweichen, bis sie richtig vollgesogen sind. Dann das Wasser ausdrücken. Das frische Hackfleisch mit den Brötchen und der fein gehackten Zwiebel mischen.

Ketchup, Eier und die Gewürze dazu geben und sorgfältig mischen.

Aus der Masse etwa 6–8 Frikadellen formen und im heißen Öl in der Pfanne etwa 4 Minuten auf jeder Seite goldbraun anbraten. Dann noch etwa 12 Minuten bei 150 Grad im Backofen schmoren lassen. Warm oder kalt mit Senf servieren.

Zutaten

400 Gramm Hackfleisch
(halb und halb)
ein gehäufter Esslöffel KaGee
Salz und schwarzer Pfeffer
aus der Mühle
2 Esslöffel Hela
Gewürzketchup
2 Brötchen
2 Eier
1 mittlere Zwiebel
50 ml Öl

Zutaten

Zutaten für 10 Personen:

2 kleine Lammschultern mit Knochen
(ca. 2,5 kg)
300 Gramm Karotten
300 Gramm Knollensellerie
300 Gramm Zwiebeln
200 Gramm grüne Erbsen
1 ganze Knoblauchknolle
3 Lorbeerblätter
1 Zweig Rosmarin
1 Zweig Thymian
500 ml Gemüsebrühe
500 ml Weißwein
Olivenöl
Salz
Pfeffer
KaGee
Speisestärke

Für das Kartoffelpüree:

1 kg Kartoffeln
Salz
Milch
Butter
Muskatnuss
3 Eigelb

Ein Rezept von **Giuseppe Bongiovi,**
*Executive Chef im „Paparazzi-Restaurant" des Radisson Blu
Hotel Köln.*

Zubereitung

Die Lammschultern im Ganzen in einem großen Bräter anbraten, bis alle
Seiten goldbraun sind. Jeweils 150 Gramm Karotten, Sellerie und Zwiebeln in grobe
Würfel (ca. 2 x 2 cm) schneiden. Die Knoblauchknolle einmal in der Mitte durchschneiden.
Alles zusammen in einer Pfanne anbraten, mit Weißwein ablöschen und mit Gemüsebrühe
auffüllen. Aufkochen und zu den Lammschultern in den Bräter geben. Lorbeerblätter dazugeben und das Fleisch, im Sud, im Backofen bei 120 Grad für ca. 2-2,5 Stunden garen (je
nach Dicke der Lammschultern. Das Fleisch sollte innen noch leicht rosa
sein). Das Fleisch erkalten lassen. Den Sud durch ein Sieb passieren und das
Gemüse ausdrücken.

Die so entstandene Sauce erhitzen und mit Salz und KaGee abschmecken.
Mit Speisestärke leicht binden und für den späteren Gebrauch zur Seite
stellen. Die kalte Lammschulter ausbeinen und in Würfel schneiden (ca. 1,5
x 1,5 cm)

Die restlichen 150 Gramm Karotten, Knollensellerie und Zwiebeln schälen
und in 1 x 1 cm große Würfel schneiden. Alles zusammen in Olivenöl bei
mittlerer Hitze anbraten. Wenn das Gemüse beginnt leicht zu bräunen, die
Sauce dazugeben. Jetzt den gehackten Thymian und Rosmarin – das gewür-
felte Fleisch der Lammschulter sowie die 200 Gramm grüne Erbsen hinzufügen.

Kartoffelpüree herstellen: gekochte Kartoffeln stampfen, mit Butter, heißer Milch, Salz,
Pfeffer, Muskatnuss und 3 Eigelb vermengen und in einen Spritzbeutel füllen.

Das Ragout in einem flachen (gusseisernen) Topf oder in eine ofenfeste Schale einfüllen
und das Kartoffelpüree mit dem Spritzbeutel in kleinen Röschen aufsetzen. Bei 180 Grad
Oberhitze im Backofen ca. 15-20 Minuten gratinieren und warm servieren.

Zubereitungszeit ca. 3–3,5 Stunden.

Sesam-KaGee-Krokant

Zubereitung

Die gemahlenen Nüsse zusammen mit den Haferflocken und KaGee in einer Pfanne ohne Fett rösten. Getrennt davon den Sesam goldgelb rösten. Alles gut mischen. Den Honig mit einem Handrührgerät (Knethaken) unterrühren. Kleine Kugeln formen und mindestens 24 Stunden bei Zimmertemperatur trocknen lassen.

Variation: Die Masse 1 cm dick auf ein mit Pergamentpapier ausgelegtes Backblech streichen und ebenfalls mindestens 24 Stunden trocknen lassen. Anschließend mit einem Messer in Streifen, Rauten oder Rechtecke zu Müsli-riegeln schneiden.

Zutaten

100 Gramm Haselnüsse (gemahlen)

4 Teelöffel KaGee

200 Gramm Vollkornhaferflocken

300 Gramm Sesam (geschält)

300 Gramm Honig

Zutaten

4 Hähnchenbrüste

2 Eier

3 Esslöffel Wasser

50 Gramm Mehl (Type 405)

1 Esslöffel KaGee

weißer Pfeffer aus der Mühle

150 Gramm Haferflocken

50 Gramm Butter

Zubereitung

Die Hähnchenbrüste leicht klopfen, pfeffern und im Mehl wälzen. Die Eier in eine Schüssel geben und mit einem Schneebesen, unter Zugabe des Wassers, aufschlagen. Die Haferflocken mit KaGee mischen. Die gemehlten Hähnchenbrüste in dem aufgeschlagenen Ei wälzen und sofort mit der Haferflocken-KaGee-Masse panieren. In einer Pfanne mit heißer Butter goldgelb backen.

Dazu Langkornreis und Erbsengemüse.

Löwenzahn-Lotte

Zubereitung

Zubereitung des Fisches:

Den Fisch von allen Seiten mit KaGee würzen und 40
Minuten vor dem Anrichten im Bräter mit Olivenöl,
den ganzen Knoblauchzehen und Rosmarinzweig ca.
5 Minuten von allen Seiten anbraten. Im Backofen für
15 Minuten bei 180 Grad weiter garen, dann 15 Minuten ruhen lassen. Der Fisch ist nun saftig gegart,
medium. Vor dem Anrichten in Scheiben tranchieren.

Zubereitung der Löwenzahncreme:

Die Löwenzahnblätter in kochendem Natron-Salzwasser ca. 5 Minuten weich
garen. In kaltem Wasser abkühlen und abtropfen lassen. Fein pürieren und in
einer Pfanne unter ständigem Rühren reduzieren, bis die Menge fest wird. Mit
Meersalz und Zucker abschmecken. Butterstückchen dazugeben.

Zubereitung der Löwenzahn-Chips:

Vier bis acht große Löwenzahnblätter (falls eines beim Trocknungsprozess zer-
bricht) auf eine gleiche Länge von ca. 15 Zentimeter schneiden. In Natronwas-
ser eine Minute kochen und in kaltem Wasser abschrecken. Abtropfen lassen.
Mit Öl und Salz bestreichen, auf ein mit Backpapier ausgelegtes Blech legen
und bei 80 Grad etwa 90 Minuten kross trocknen.

Löwenzahncreme auf einer Tellerhälfte anrichten, mit etwas Chutney arran-
gieren, Lottescheiben anlegen und einen Löwenzahnchip obenauf stecken.

Zutaten

1 Lotte (Seeteufel) mit Gräte,
ca. 1,2 kg
50 ml Olivenöl
Meersalz
2 Esslöffel KaGee
1 Rosmarinzweig
Knoblauchzehen mit Schale
Chutney (nach Wahl, hier: Ananas
Chutney)

Für die Löwenzahncreme:
Löwenzahnblätter (ersatzweise
Rucola)
Butter
Zucker
KaGee
Meersalz
Natron

Für die Löwenzahnchips:
große Löwenzahnblätter

Rindertopf mit frischem Gemüse und geröstetem KaGee-Brot

Zutaten

1 kg Ochsenbrust

5 Liter Wasser

2 große Möhren

1/2 Sellerieknolle

1 Stange Lauch

1 Gemüsezwiebel

Salz

1/2 Esslöffel weiße Pfefferkörner

1 Bund frische Petersilie

8 Scheiben Toastbrot

1 Esslöffel KaGee

75 Gramm Butter

Zubereitung

Die Ochsenbrust waschen und mit kaltem Wasser in einen großen Topf geben. Die gewaschenen und geschälten Möhren, die ebenfalls gewaschene und geputzte Lauchstange, grob geschnitten, sowie den geviertelten und gewaschenen Sellerie dazu geben. Zwei Esslöffel Salz und die Pfefferkörner dazu geben. Das Ganze langsam erhitzen und etwa 3 Stunden kochen. Das Gemüse nach etwa 2 Stunden herausnehmen und kalt werden lassen. Wenn das Fleisch richtig weich ist, ebenfalls herausnehmen und erkalten lassen. Die Brühe durch ein feines Küchensieb passieren und nochmals kurz „köcheln" lassen. Das Fleisch und das Gemüse in Würfel schneiden und in den Sud geben. Die Petersilie fein hacken und vor dem Servieren überstreuen.

Die Toastbrot-Scheiben von der Kruste befreien und das weiße Brot in Würfel schneiden. Die Butter in einer Pfanne erhitzen und die Weißbrotwürfel hinzugeben. Das Ganze nach Geschmack mit KaGee würzen und in der Butter schön braun rösten und abkühlen lassen.
In einer Extra-Schüssel mit dem Eintopf servieren, damit man sich die Croutons nach Geschmack nehmen kann.

Satay Marinade

Zubereitung

Folgende Zutaten fein hacken:
Zwiebeln, Knoblauch, Chili, Ingwer, Lengkuas (je ein 5 Millimeter Abschnitt) und Zitronengras.

Koriander, KaGee, Anis und Salz sowie die gehackten Zutaten mit einem Stößel im Mörser so lange bearbeiten, bis sich eine Paste bildet.

Je nach Geschmack, Geflügel, Rind- oder Schweinefleisch damit marinieren, indem man das jeweilige Fleisch großzügig mit der Paste bestreicht und anschließend mehrere Stunden abgedeckt ziehen lässt. Aus dem marinierten Fleisch lassen sich leicht kleine Grillspieße herstellen. Je nach Geschmack empfiehlt es sich, die Fleischspieße während des Grillens nochmals mit der Satay Marinade zu bestreichen.

Zutaten

2 kleine rote Zwiebeln

2 Knoblauchzehen

1 rote Chili Schote

frischer Ingwer

Lengkuas (wilder Ingwer)

1 Teelöffel Koriander Pulver

1 Teelöffel KaGee

1 Teelöffel Anis Pulver

150 Gramm Zucker

Salz

1 Stange Zitronengras

Jacobsmuscheln im Lauchbett

Zutaten

400 Gramm Fleisch von der Jacobsmuschel

400 Gramm Breit-Lauch (Porree)

1 Schalotte

2 feste Tomaten

1 Esslöffel KaGee

etwas Salz

Olivenöl nach Geschmack

50 ml trockener Weißwein

Zubereitung

Das Fleisch der frischen Jacobsmuscheln unter fließendem, kaltem Wasser abwaschen. Das Lauchgemüse ebenfalls waschen, Wurzeln entfernen, der Länge nach halbieren und in dünne Streifen schneiden. Die Tomaten halbieren, aushöhlen und in Stücke schneiden. Die Schalotte schälen und ebenfalls in Würfel schneiden.

In einer Pfanne Olivenöl erhitzen (ca. 40 ml) und zuerst die Schalotten anbraten. Dann die Streifen vom Lauch dazu geben und nach etwa 3-5 Minuten, wenn der Lauch noch schön knackig ist, die Tomatenwürfel hinzugeben. Das Ganze mit etwas Salz und KaGee abschmecken.

In einer weiteren Pfanne ebenfalls etwas Ölivenöl erhitzen und die mit KaGee gewürzten Muscheln anbraten (von beiden Seiten etwa 1 Minute), etwas Farbe ziehen lassen und mit dem Weißwein ablöschen. Dann im bereits auf 180 Grad vorgeheizten Backofen, für etwa 5-7 Minuten, noch leicht weiter backen.

Das Lauchgemüse auf Teller geben und die Muscheln darauf anrichten. Mit dem reduzierten Weißweinfond als Sauce das Ganze servieren.

Dazu Reis oder frisches Brot.

KaGeepfanne mit knackigem Gemüse und Nudeln „Malaiisch"

Zubereitung

Den Grill oder Wok auf etwa 200 Grad erhitzen. Dann das geschnittene und gewaschene Gemüse scharf mit dem Olivenöl anbraten. Die gekochten Nudeln hinzugeben und kurz mit anbraten. Nun das Tomatenmark hinzugeben und nach Geschmack würzen. Mit Essig ablöschen und mit Wasser auffüllen. Leicht mit Kartoffelstärke abbinden und anrichten. Sambal Olek zum Nachwürzen reichen.

Zutaten

400 Gramm Nudeln nach Wahl oder KaGee-Nudeln (siehe Grundrezept)

50 Gramm eingelegten Ingwer

50 Gramm frische Paprika

50 Gramm frische Karotten

50 Gramm frischer Lauch

20 Gramm Tomatenmark

4 Esslöffel Essig

1 Teelöffel Sambal Olek

1 Teelöffel Zucker

3 Esslöffel Olivenöl

3 Esslöffel Sojasauce

3 Esslöffel KaGee

etwas Salz und Pfeffer

2 Esslöffel Kartoffelstärke

100 ml Wasser

Zutaten

Für 2 Liter:

8 getrocknete, rote Chili Schoten

4 kleine Schalotten

3 Knoblauchzehen

5 Stangen Zitronengras

Lengkuas (wilder Ingwer)

1 Teelöffel Gelbwurz Pulver

25 ml Erdnussöl

1 Teelöffel KaGee

25 ml Tamarindensaft

250 Gramm Zucker

Salz

250 Gramm pürierte, geröstete Erdnüsse

100 ml Kokosmilch

Zubereitung

Die Chili Schoten 30 Minuten in kaltes Wasser legen, bis sie weich sind. Dann die weichen Schoten zusammen mit den gehackten Schalotten, Knoblauch, Ingwer, Zitronengras und den Gewürzen in einem Mörser zerkleinern.

Das Erdnussöl in einer Pfanne erhitzen und die Masse unter ständigem Rühren etwa 5 Minuten darin braten. Tamarindensaft, Zucker und Salz (nach Geschmack) zugeben und unter ständigem Rühren, etwa 2 - 3 Minuten, bei mittlerer Hitze ziehen lassen. Erdnüsse und Kokosmilch zugeben und alles noch einmal zum Kochen bringen. Danach die Hitze reduzieren und die fertige Sauce ziehen lassen, bis sich Öl an der Oberfläche absetzt.

Die Satay Sauce in ein Serviergefäß umfüllen und zu Satay Spießen zum Eintauchen reichen.

Frank's KaGee-Wurst

Frank Remagen,

stellt in seiner Kölner Firma in stolzer Familientradition „Köstlich-keiten aus Fleisch" her. Als der Unternehmer von „KaGee – das Gewürzwunder" hörte, entschied er ohne zu zögern, ein eigenes Rezept für eine KaGee-Grill-Wurst zu kreieren und das neue Produkt zukünftig in sein Vertriebssystem aufzunehmen.

Zubereitung

Die KaGee-Wurst ist vielseitig zuzubereiten. Ob in der Pfanne oder auf dem Elektro- oder Holzkohle-Grill, ist sie in wenigen Minuten servierfertig. Angerichtet mit den unterschiedlichsten Saucen, mit Senf oder einfach „ohne alles" ist diese Wurst ein neuer Renner auf dem Barbecue-Markt. Mit Kartoffelbeilagen jeder Art, Salaten, Gemüse oder Brot angerichtet, bietet die KaGee-Wurst ungeahnte Möglichkeiten.

Zutaten

KaGee-Wurst

Hela-Senf

Gewürzsaucen von Hela:

Curry Gewürz Ketchup

Gewürzsauce ASIA

Dip Sauce fruchtig

Steak & Grillsauce

Currywurst-Sauce

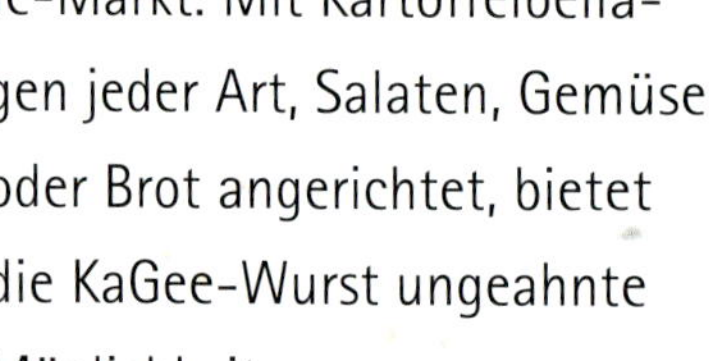

Zutaten

- 1 frisches Hähnchen
- 50 ml Sonnenblumenöl
- KaGee
- Speisestärke
- 1 Teelöffel Salz
- Pommes Frites (tiefgefroren)
- Bratschlauch

Zubereitung

Das Sonnenblumenöl mit zwei Teelöffel KaGee mischen. Das frische Brathähnchen sorgfältig unter fließendem Wasser, innen und außen, abwaschen und anschließend mit Küchenkrepp gut trocknen, damit die Marinade besser aufzutragen ist. Nun mit einem Küchenpinsel großzügig die Öl-KaGee Mischung innen und außen

auf das Hähnchen streichen und nach Anleitung in einen Bratschlauch geben. Im Backofen (nicht vorheizen) bei 200 Grad ca. 45 bis 60 Minuten (je nach Größe des Backhähnchens) goldbraun backen. Das fertige Hähnchen aus der Folie entnehmen und den Bratenfond in einem kleinen Topf mit etwas Speisestärke andicken, um eine schmackhafte Sauce zu erhalten. Die Pommes Frites in einer Fritteuse (oder Backofenfritten) goldgelb ausbacken und mit einer Mischung aus Salz und KaGee (Mischungsverhältnis: 3 Teile Salz / 1 Teil KaGee) würzen.

Anstelle eines ganzen Hähnchens sind Chicken-Wings oder Hähnchenschenkel deutlich schneller zuzubereiten.

Bananen-Sanddorn Mix

Zubereitung

Bananen, Vollmilch und Kefir in einem Mixgefäß sorgfältig pürieren. Dann Sanddorn, Ahornsirup und KaGee-Pulver dazugeben und nochmals fein pürieren. Erst ganz zum Schluss den Zitronensaft unterrühren.

Den Bananen-Sanddorn Mix mindestens eine Stunde in den Kühlschrank stellen.

In Cocktailgläsern servieren.

Besonders in den Wintermonaten hervorragend geeignet zur Vorbeugung von Erkältungen durch den sehr hohen Vitamin-C-Gehalt im Sanddorn.

Zutaten

250 Gramm geschälte Bananen

2 Esslöffel Zitronensaft

300 ml Vollmilch

300 ml Kefir

2 gehäufte Teelöffel KaGee

5 Esslöffel Sanddorn (ungesüßt, ca. 50 Gramm)

3 Esslöffel Ahornsirup

Zutaten

- Käse- und Wurstaufschnitt
- Schinken
- Räucherlachs
- Eier
- Tomaten
- Gurken
- Paprika
- Schnittlauch
- Marmelade und Honig
- Joghurt
- Brot und Brötchen
- Müsli
- Milch
- Orangensaft
- Kaffee/Tee
- KaGee

Zubereitung

Soweit man bei einem fürstlich gedeckten Frühstückstisch von „Zubereitung" sprechen kann, gilt hier, dass man das Angebot recht vielseitig und ausgewogen gestaltet. Die hier angegebenen „Zutaten" können nur Empfehlungen sein. Es gilt natürlich: Gefrühstückt wird nach dem persönlichen Geschmack – und der kann jetzt mit KaGee bereichert werden.

Zum Beispiel beim gekochten Frühstücksei. Anstelle der klassischen Form, das Ei mit Kochsalz zu würzen, ist KaGee aus der Mühle sowohl geschmacklich als auch optisch eine echte Alternative.

Das in Deutschland gerne zubereitete Bauernomelette – hier mit KaGee gewürzt – bekommt ebenfalls eine neue Geschmacksdimension. (Pro Person 2 aufgeschlagene Eier in der Pfanne mit Schinken, gewürfelten Zwiebeln, Paprika, Gurke, Tomate und KaGee vermischt backen).

Als letztes Beispiel, das belegte Brötchen mit Camembert oder Räucherlachs. Garniert mit Tomaten- oder Gurkenscheiben gibt eine Prise KaGee als Pulver oder aus der Mühle dem Leckerbissen den letzten Kick.

KaGee-Butter

Zubereitung

Die Butter bei Zimmertemperatur weich werden lassen und mit einer Küchengabel das KaGee-Pulver sorgfältig unterkneten. In einem Porzellanschälchen oder Dessert-Glas anrichten oder mittels eines Spritzbeutels kleine KaGee-Butter-Röschen herstellen. Vor dem Servieren noch einige Minuten im Kühlschrank aufbewahren.

KaGee-Butter ist ideal als Brotaufstrich – oder zur Geschmacksverfeinerung von Fisch, Fleisch, Gemüse oder einfach zu gekochten Pellkartoffeln zu verwenden.

Zutaten

Eisbergsalat
frische Paprika
frische Karotten
frisches Lauchgemüse
Tomaten
Lauchzwiebeln
Salat-Gurke
Radieschen
frische Kräuter wie z.B. Petersilie,
Schnittlauch, Kerbel
4 Wrap Tortillas (im Einzelhandel
erhältlich)
1 Esslöffel KaGee
100 ml Rinderbrühe
3 Esslöffel Olivenöl

Zubereitung

Wok, Grillplatte oder große Pfanne mit dem Olivenöl auf ca. 200 Grad erhitzen. Zuerst die in Würfel geschnittenen Paprika, dann die Karotten, Lauchgemüse und die Radieschen scharf anbraten.

Danach den auf Streifen geschnittenen Eisbergsalat sowie die geschnittene/n Gurke, Tomaten und Lauchzwiebeln dazugeben.

Mit KaGee und den frischen Kräutern würzen. Das Ganze mit etwas Rinderbrühe ablöschen. Darauf achten, dass keine Flüssigkeit zurück bleibt. Erst wenn die Brühe verdampft ist, etwa 200 Gramm Salat in je einen Wrap füllen und zu einer Tasche falten. Warm oder kalt zu genießen.

Für Nicht-Vegetarier können auch mit KaGee gewürzte Putenbruststreifen, Schweinegeschnetzeltes, Rinder- oder Fischfiletstücke auf dem Salat angerichtet werden.

Toni's Kalbsgeschnetzeltes
à la Doppelpack mit Erdapfelschnee

Er war einst Hoffnungsträger und Garant für erstklassigen Fußball beim 1. FC Köln. Er machte die meisten „Doppelpacks" (zwei Treffer in einem Spiel) in der Liga und Kochen kann er auch.

Anton (Toni) Polster
Österreicher, Rekordnationalspieler, Trainer und Gentleman.

Zubereitung

Den Fenchel putzen, auf etwa 0,5 cm dicke Scheiben schneiden und mit Salz, Pfeffer, sowie den Lorbeerblättern würzen. In etwas Olivenöl anbraten und dann im Backofen, bei etwa 170 Grad, gar ziehen lassen. Das Geschnetzelte in Olivenöl stark anbraten, bis das Fleisch Farbe zieht. Mit reichlich KaGee würzen und mit der Sahne auffüllen. Die Sauce leicht einköcheln, bis sie sämig wird. Nochmals mit den vorhandenen Gewürzen abschmecken.

Erdapfelschnee

Die Kartoffeln schälen und in Salzwasser gar kochen. Dann fein stampfen und Butter, Salz, die Muskatnuss, 50 ml Sahne und einen Teil der Milch hinzugeben. Mit einem Schneebesen kräftig aufschlagen, bis das Püree sehr luftig wird. Milch je nach gewünschter Konsistenz hinzufügen.

Den Erdapfelschnee auf Tellern anrichten und die Fenchelscheiben zwischen dem Geschnetzelten mit Lauchzwiebelringen garniert servieren.

Zutaten

400 Gramm Kalbsgeschnetzeltes aus der Keule
2 Esslöffel KaGee
2 Stück Fenchel
50 ml Olivenöl
Salz, Pfeffer und Lorbeerblätter nach Geschmack
100 ml Sahne
ca. 50 Gramm fein geschnittene Zwiebelwürfel
Lauchzwiebeln

Für den Erdapfelschnee:
5 mittlere Kartoffeln
40 Gramm Butter
2 Gramm Muskatnuss
eine Prise Salz
etwa 100 ml Milch
50 ml Sahne

Weißkohl mit Geflügel aus der Grillpfanne

Zutaten

300 Gramm Hähnchenbrust oder Putenbrust

300 Gramm frischer Weißkohl

2 mittelgroße Zwiebeln

ca. 100 Gramm Karotten

2 große Kartoffeln

40 Gramm Butter

2 Esslöffel KaGee

1 Teelöffel Paprika - edelsüß

5 Esslöffel Olivenöl

80 ml Weißwein

Zubereitung

Wok, Pfanne oder Grill auf ca. 200 Grad erhitzen. Den gehobelten Weißkohl gemeinsam mit den Streifen vom Geflügel, den gewürfelten Zwiebeln und den Karottenstreifen scharf anbraten. Mit Wein ablöschen und nach Geschmack mit KaGee würzen.

Die Kartoffeln mit der Schale gar kochen, mittig aufschneiden und mit Butter auf 4 Teller geben.

Das Weißkohl-Geflügel darauf anrichten.

Mandel-KaGee-Sesamkuchen

Zubereitung

Für den Boden: Quark, saure Sahne, Ahornsirup, Honig, Eier, Milch und das mit Backpulver und KaGee gemischte Mehl zu einem Teig verrühren. Ein tiefes Backblech einfetten (oder mit Backpapier auslegen) und den Teig darauf streichen.

Backofen auf 175 Grad vorheizen. Den Boden auf der zweiten Schiene von unten ca. 10-15 Minuten vorbacken.

Für den Belag: die Butter in einem Topf schmelzen. Honig, Mandeln, Sahne und Sesam hinzugeben, aufkochen und ein wenig reduzieren lassen. Den Teig des vorgebackenen Bodens mit einer Gabel mehrfach einstechen und die noch heiße Masse darauf geben.

Die Backzeit beträgt nun nochmals 15-20 Minuten, bis der Kuchen goldgelb ist.

Zutaten

100 Gramm Magerquark

200 Gramm saure Sahne

100 Gramm Ahornsirup

50 Gramm Honig

3 Eier

Milch

420 Gramm Weizenmehl (Type 405)

2 Päckchen Backpulver

1 Teelöffel KaGee

Für den Belag:

120 Gramm Butter

150 Gramm Honig

50 Gramm Mandelstifte

50 Gramm Mandelblätter

50 Gramm Sahne

50 Gramm Sesam

Zutaten

400 Gramm Welsfilet

100 Gramm Lauch

1 Zitrone

1 Salatgurke

frische Blattpetersilie

200 Gramm Stockschwämmchen oder Pfifferlinge

2 Teelöffel KaGee

Meersalz

Olivenöl

Weißwein

Zubereitung

Den Wels in große Würfel schneiden, mit Zitrone und KaGee würzen und im heißen Öl im Wok anbraten.

Die Stücke zur Seite legen. Erneut Öl erhitzen und das Gemüse mit der Gurke (beides auf Streifen geschnitten) im Wok schwenken. Petersilie und Pilze hinzugeben und mit einem Schuss Weißwein ablöschen. Das Ganze mit Salz abschmecken.

Nun den Fisch wieder dazu geben und alles zusammen nochmals erhitzen.

Mit Glasnudeln anrichten.

Wokgemüse süß-sauer mit Rindfleischstreifen

Zubereitung

Den Grill oder Wok auf etwa 200 Grad erhitzen. Dann das geschnittene und gewaschene Gemüse scharf mit dem Olivenöl anbraten.

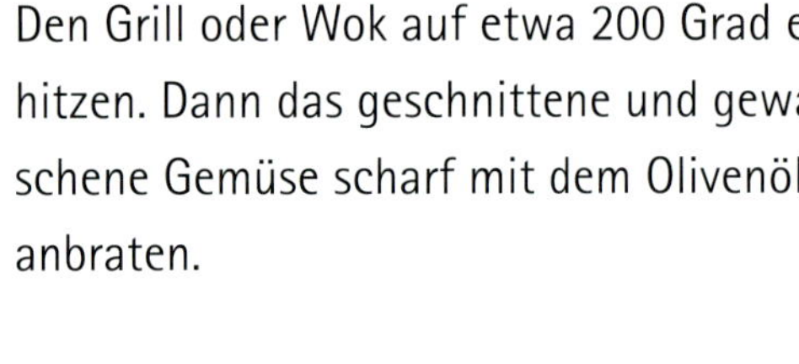

Die Rindfleischstreifen hinzugeben und kurz mit anbraten. Jetzt das Tomatenmark hinzugeben und nach Geschmack mit KaGee würzen.

Mit Essig ablöschen und mit Wasser auffüllen. Leicht mit Kartoffelstärke abbinden und auf dem mittlerweile gekochten Reis anrichten.

Zutaten

300 Gramm Rindfleisch aus der Steakhüfte

200 Gramm roher Reis (Langkorn)

100 Gramm eingelegten Ingwer

100 Gramm frischer Paprika

100 Gramm frische Karotten

100 Gramm frischer Lauch

40 Gramm Tomatenmark

3 Esslöffel Essig

2 Teelöffel Zucker

5 Esslöffel Olivenöl

5 Esslöffel Sojasauce

Salz und weißer Pfeffer aus der Mühle

2 Esslöffel KaGee

2 Esslöffel Kartoffelstärke

100 ml Wasser

Zutaten

Für den Crêpe-Teig:
250 Gramm Mehl (Type 405)
75 Gramm Zucker
12 Gramm Butter oder Raps-Öl
2 Eier
450 ml Milch (1,5 % Fett)
25 ml Sprudel
½ Teelöffel Salz
2 Teelöffel KaGee

Für den Galette-Teig:
250 Gramm Buchweizenmehl
350 ml kaltes Wasser
150 ml Milch (1,5 % Fett)
1 Ei
1 Teelöffel Öl
½ Teelöffel Salz
2 Teelöffel KaGee

Zubereitung

Crêpe-Zubereitung:

Milch in eine Schüssel geben und Mehl langsam einrühren (nicht umgekehrt!). Salz, Zucker, KaGee und Eier hinzugeben. Geschmolzene Butter und zuletzt den Sprudel unterrühren. Teig kräftig durchrühren und mindestens 6 Stunden kalt stellen.

Galette-Zubereitung:

Milch und Wasser in eine Schüssel geben und Buchweizenmehl langsam unterrühren (nicht umgekehrt!). Die restlichen Zutaten hinzugeben und den Teig kräftig durchrühren. Das ganze mindestens 5 Stunden kalt stellen.

Aus beiden Teigarten können nun hauchdünne Eierkuchen, wie die bretonischen Crêpes in Deutschland auch genannt werden, auf den typischen, gusseisernen Platten, aber auch in einer flachen Pfanne ausgebacken werden. Gefüllt mit herzhaften Zugaben wie Käse, Schinken, Zwiebeln, Kräutern und Gemüse, erfreuen sich Crêpes und Galettes immer größer werdender Beliebtheit.

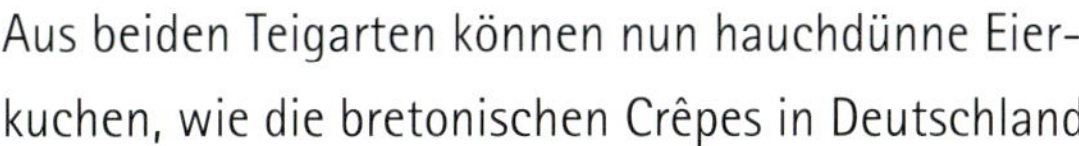

Professionell und liebevoll zubereitet werden Crêpes und Galettes jetzt auch mit KaGee angeboten und zwar von Tobias Simon, von dem auch die jeweilige Rezeptur stammt und der mit seinem französischen „Crêpes & Café-Mobil" im Land unterwegs ist.

KaGee Plätzchen

Zubereitung

Weiche Butter mit Zucker, Ei und dem Obstbrand in einer Rührschüssel zu einer schaumigen Masse verarbeiten. Das Mehl mit Salz, KaGee, den gemahlenen Nüssen, Vanillezucker und dem Backpulver vermischen und unter den Plätzchenteig kneten. Anschließend den Teig im Kühlschrank mindestens 1 Stunde durchziehen lassen.

Nun kann der Plätzchenteig in einen Spritzbeutel gefüllt werden, mit dem man auf ein mit Backpapier ausgelegtes Blech, beliebige Plätzchen, rund oder in Streifen, aufspritzen kann.

Backofen auf 200 Grad vorheizen und die Plätzchen, auf mittlerer Schiene, etwa 10 – 12 Minuten backen, bis sie die gewünschte hellbraune Farbe angenommen haben. Es empfiehlt sich, die Plätzchen einige Tage trocken zu lagern, bevor sie verzehrt werden.

Variationsmöglichkeiten:

200 Gramm Puderzucker mit Obstbrand zu einem glatten, klumpenfreien Zuckerguss verrühren. (Reihenfolge beachten: Obstbrand tropfenweise in den Puderzucker träufeln. Nur wenige Tropfen zuviel lassen den Zuckerguss zu dünnflüssig werden).

Die frisch gebackenen, warmen Plätzchen auf ein Kuchengitter legen und anschließend mit dem Zuckerguss bestreichen.

Gegebenenfalls zusätzlich mit einer halben oder einem Viertel von einer kandierten Kirsche belegen und trocknen lassen.

Oder:

Schokolade im Wasserbad vorsichtig schmelzen. Die Plätzchen jeweils hälftig oder mit den beiden Enden eintauchen und auf einem Backgitter fest werden lassen.

Zutaten

- 500 Gramm Mehl (Type 405)
- 250 Gramm Zucker
- 1 Prise Salz
- 1 gestrichener Teelöffel Backpulver
- 10 Gramm KaGee
- 250 Gramm Butter
- 1 Ei
- 1 Päckchen Vanillezucker
- 125 Gramm Haselnüsse
- 2 – 3 Esslöffel Obstbrand

Schwertfisch *mit Avocado-Creme und Olympia-Salat*

Zutaten

Für die Avocado-Creme:
1 Avocado (nicht zu fest)
Saft von 1/2 Limette
1 Esslöffel Honig
1 Prise Salz
1 Esslöffel Olivenöl
1 Teelöffel KaGee

Blattsalat-Mischung
(nach Angebot)
4 Kirschtomaten
Salatgurke
600 Gramm frischer Schwertfisch
(4 Stücke à 150 Gramm)
10 frische Jacobsmuscheln

Britta Heidemann,

Olympiasiegerin, Weltmeisterin und Europameisterin im Degenfechten.

Zubereitung

Die Avocado schälen und das Fruchtfleisch mit den übrigen Zutaten in einen Pürierbecher geben. Zwei Minuten auf höchster Stufe mit einem Pürierstab zu einer feinen Creme verarbeiten. In kleinen Schälchen anrichten und kalt stellen. Blattsalate putzen und gemeinsam mit Tomatenvierteln und Gurkenscheiben auf einem großen Teller anrichten (erst kurz vor dem Servieren mit einer Vinaigrette aus Olivenöl, hellem Balsamico-Essig, Pfeffer und Salz versehen). Die Jacobsmuscheln halbieren, sodass 20 runde, ca. ein Zentimeter dicke Scheiben entstehen. Die Scheiben von beiden Seiten mit KaGee bestreuen und die Muscheln in Butter beidseitig goldbraun backen. Die vier Schwertfisch-Stücke mit kaltem Wasser abwaschen und mit Küchenkrepp trocken tupfen. In reichlich Butter in einer Pfanne von beiden Seiten ebenfalls goldbraun backen. Erst wenn der Fisch zum zweiten Mal gewendet wird, eine Seite mit etwas Salz würzen, mit Limettensaft beträufeln und noch einen Moment in der Pfanne belassen.

Nun den Salat mit der Vinaigrette versehen und die Jacobsmuscheln in Form der Olympischen Ringe darauf anrichten. Die Avocado-Creme mitsamt dem Schälchen dazu geben und zum Schluß den Schwertfisch anlegen. Etwas KaGee aus der Mühle über den Fisch und gegebenenfalls ein „KaGee-Butter-Röschen" dazu geben.

Dazu ein trockener Weißwein, der mindestens mit einer Silbermedaille ausgezeichnet wurde.

Shrimps Cocktail in KaGee-Mayonnaise

Zubereitung

Die Shrimps waschen, Ananas würfeln und den Eisbergsalat in feine Streifen schneiden.

In einer Rührschüssel die 2 Eigelb mit KaGee und etwas Salz würzen. Zitronensaft sowie Weißwein und Essig nach Geschmack hinzufügen. Das Ganze mit dem Schneebesen aufschlagen. Nach und nach Öl hinzugeben, bis durch kräftiges Rühren eine cremige Konsistenz erreicht ist. Abschließend mit Weinbrand und Ketchup abschmekken. Salat mit Shrimps und den Ananaswürfeln mischen und entweder in hohen Gläsern oder in tiefen Tellern anrichten. Orange zum Dekorieren in Scheiben schneiden.

Mit KaGee-Mayonnaise überzogen oder in extra Schalen zur individuellen Bedienung servieren.

Zutaten

200 Gramm Shrimps in Lake

200 Gramm frische geschälte Ananas

200 Gramm Eisbergsalat

Für die Mayonnaise:

2 Eigelb

1 Teelöffel KaGee

Salz

2 Esslöffel Zitronensaft

50 ml Weißwein

50 ml Essig

50 ml Hela Gewürzketchup

Sonnenblumenöl

2 Esslöffel Weinbrand

1 Orange

Zutaten

12 Lasagneplatten (siehe Grundrezept
in diesem Kochbuch S. 25)
20 Gramm fein geschnittener,
geräucherter Speck
200 Gramm Thunfisch frisch (fein gewürfelt)
200 Gramm pürierte Tomaten
1 Teelöffel KaGee
200 Gramm Mozzarella
2 kleine Zwiebeln (gewürfelt)
Salz
Pfeffer aus der Mühle
30 Gramm Butter
30 ml Sonnenblumenöl

Für die Bechamelsauce:
40 Gramm Butter
50 Gramm Mehl
100 ml Milch
Salz
100 ml Gemüsebrühe oder Wasser
2 Eigelb

Zubereitung

Für die Sauce: die Butter in einem Topf auf dem Herd erhitzen. Mit dem Mehl bestäuben und unter ständigem Rühren, Milch und Brühe nach und nach zugeben. Die so entstandene sämige Sauce mit Salz abschmecken und wenn sie etwas abgekühlt ist, zwei Eigelb unterrühren.

Die pürierten Tomaten mit KaGee würzen und mit der Sauce, im Verhältnis 1:1 mischen. Mozzarella in Scheiben schneiden. Thunfisch, Zwiebeln und Speck ebenfalls in feine Würfel schneiden und einzeln in der Pfanne braten.

Eine feuerfeste Form mit etwas Butter ausreiben und zuerst etwas von der Lasagnesauce einfüllen. Darauf wieder Lasagneplatten, dann wieder Sauce und eine Lage von den Speck-Zwiebel- und Thunfisch-Würfeln hinzugeben. Jetzt die Käsescheiben. Wiederholen bis die Form etwa 4-5 Etagen erreicht hat. Zum Schluss den Rest von der Sauce verteilen und großzügig mit Mozzarella belegen.

Im vorgeheizten Backofen (140 Grad, mittlere Schiene) ca. 70 Minuten backen. Danach noch ca. 10 Minuten, bei 180 Grad, die Oberfläche knusprig braun werden lassen. Portionieren und auf Tellern anrichten.

Lasagne Bolognese

Zubereitung

Die Zwiebel schälen, fein würfeln und zusammen mit dem Rinderhack in einer Pfanne mit heißem Rapsöl anbraten. Tomatenmark, Gemüsebrühe und einen Schuss Hela Gewürzketchup dazu geben und fünf Minuten unter ständigem Rühren köcheln. Die Sahne einrühren und vom Herd nehmen. In einem kleinen Topf die Butter auslassen, mit dem Mehl bestäuben und zusammen mit der Milch aufkochen. Dabei ständig mit einem Rührbesen umrühren, damit sich keine Klumpen bilden. Die sämige Sauce leicht salzen.

Eine Auflaufform mit etwas Butter einfetten und den Boden mit den Lasagneplatten belegen. Eine dünne Schicht von der Fleischmasse darauf verteilen und so schichtweise (vier bis sechs Schichten) fortfahren. Auf die letzte Fleisch-Schicht die Mehlsauce verteilen und zum Schluß den geriebenen Käse darauf verteilen.

Im vorgeheizten Backofen bei 180 Grad ca. 45 Minuten backen, bis die Käseoberfläche beginnt braun zu werden.

In quadratischen Stücken anrichten. Mit Tomatenscheiben und etwas KaGee aus der Mühle garnieren.

Zutaten

KaGee-Lasagneplatten
(nach Rezept in diesem Buch S. 25)
500 Gramm Rindergehacktes
1 große Zwiebel
1 Teelöffel KaGee
100 Gramm Tomatenmark
200 ml Gemüsebrühe
1 Becher Sahne
1 Schuss Hela Gewürz-Ketchup
200 Gramm geriebenen Pizza-Käse
2 Esslöffel Weizenmehl
30 Gramm Butter
200 ml Milch
Rapsöl
Salz

Lammfilet „Provencial"

Zutaten

- 8 Lammfilets
- 2 Teelöffel KaGee
- 4 Tomaten
- 2 Zucchini
- 1 Gemüsezwiebel
- Salz
- Olivenöl
- 1 Knoblauchzehe
- 2 große Kartoffeln

Zubereitung

Die Zwiebel in Viertelscheiben schneiden. Die Tomaten ebenfalls vierteln. Zucchini grob würfeln und die Knoblauchzehe fein hacken. Das Ganze am Vortag in einer großen Pfanne in etwas Olivenöl, etwa 5–7 Minuten, unter ständigem Rühren scharf anbraten. Dann etwa 1 Stunde abkühlen lassen und in etwa 100 ml Olivenöl über Nacht einlegen.

Die Kartoffeln mit Schale in Salzwasser gar kochen. Nach dem Abkühlen pellen und auf Würfel mit etwa zwei Zentimeter Kantenlänge schneiden. Die Kartoffel-Würfel ebenfalls mit in das Öl geben.

Die Lammfilets von beiden Seiten mit KaGee würzen und in einer Pfanne scharf anbraten. Anschließend zur Seite stellen und in der Pfanne noch etwas ruhen lassen. Das eingelegte Gemüse mit den Kartoffeln aus dem Öl nehmen und abtropfen lassen. In einer weiteren Pfanne nochmals durchbraten und gegebenenfalls nachwürzen.

Die Lammfilets auf dem Gemüse anrichten und das Ganze in der Pfanne servieren.

Grill-Wurst mit Tomaten-KaGee

Zubereitung

Olivenöl in einem kleinen Topf erhitzen und eine Prise Chili kurz darin schwenken. Die passierten Tomaten gegebenenfalls noch einmal mit einem Pürierstab sehr fein mixen und zusammen mit dem Tomatenketchup und zwei Teelöffel KaGee mit dem „scharfen Öl" vermengen. Das Ganze unter ständigem Rühren noch einmal kurz aufkochen und dann auf kleiner Flamme warm halten.

Die Würste in einer Pfanne oder auf einem Holzkohlegrill kross braten, bis sie schön braun sind. Der Länge nach mittig aufschneiden, mit der warmen KaGee-Sauce großzügig überziehen oder direkt in mundgerechte Stücke schneiden und in der Sauce anrichten. Zum Abschluss noch mit etwas KaGee-Pulver und zur Garnierung auch mit etwas KaGee aus der Mühle bestreuen.

Zutaten

4 geräucherte Brühwürste oder Krakauer

200 ml Hela Tomatenketchup

200 ml passierte Tomaten

2 Teelöffel KaGee

2 Esslöffel Olivenöl

Chili (geschrotet)

KaGee aus der Mühle

Zutaten

Für 8 Portionen:

1 Speisekürbis Hokkaido (1,5 kg)

1 Zwiebel (mittelgroß)

2 Orangen

750 ml Gemüsebrühe

400 ml Kokosmilch

4 EL Bienenhonig

8 EL Rapsöl

2 Teelöffel KaGee

Salz

Zubereitung

Den Kürbis waschen, halbieren, die Kerne vollständig entfernen und das Fruchtfleisch mit Schale in Würfel schneiden. Rapsöl in einem hohen Topf erhitzen, die kleingewürfelte Zwiebel darin andünsten und die Kürbiswürfel dazu geben. Mit Gemüsebrühe angießen und ca. 15 Minuten kochen, bis die Kürbisstücke weich sind. Den Topf vom Herd nehmen und den Inhalt fein pürieren.

Die Orangen auspressen und den Saft zusammen mit der Kokosmilch und dem Honig in die Suppe einrühren. Mit zwei gehäuften Teelöffel KaGee und etwas Salz (nach Geschmack) würzen und nochmals mit einem Pürierstab pürieren.

Vor dem Servieren noch etwas KaGee aus der Mühle auf die Suppe geben.

KaGee-Pudding

Zubereitung

Milch, Zucker, KaGee, Stärke und Eigelb miteinander verquirlen. Das Mark aus der Vanilleschote kratzen und mit in die Milchmasse rühren. Die Masse nun unter ständigem Rühren erhitzen, aber keinesfalls kochen, sonst flockt das Eigelb. Wenn die Masse beginnt fester zu werden, den Topf vom Herd nehmen. Die Butter in kleinen Stücken nach und nach in den Topf geben und gut unterrühren. Den warmen Pudding nun entweder in einzelne Portions-Schälchen oder in eine große Schüssel füllen und abkühlen lassen.

Für einen noch intensiveren Vanillegeschmack kann auch die Vanilleschote mit in der Milch erhitzt und erst vor dem Servieren entfernt werden. Dabei kann es allerdings geschehen, dass durch das ständige Rühren Faserstücke von der Schote im Pudding verbleiben.

Servier-Variante: Pudding in eine Stürzform aus Porzellan füllen und kalt stellen. Vor dem Servieren auf einen Dessert-Teller stürzen und nach Belieben garnieren (hier mit Apfelscheiben und Schokoblättchen in weiß und Kakao).

Unter den lauwarmen Pudding 1 bis 2 steif geschlagene Eiweiß oder (unter den erkalteten Pudding) steif geschlagene Sahne heben.

Zutaten

1 Teelöffel KaGee

½ Liter Milch

1 Vanilleschote

50 Gramm Stärke

3 Eigelb

70 Gramm Zucker

1 Esslöffel Butter

Danke

An dieser Stelle ist es an der Zeit Danke zu sagen. Dieses Kochbuch hätte nicht entstehen können ohne die Hilfe, den Einsatz und das Engagement zahlreicher Menschen, die einer simplen - aber dennoch effektiven Philosophie folgten: Essen ist wunderbar! Genießen fängt beim Würzen an.

Die Liste der nun folgenden Namen, die bei der Entstehung dieses Kochbuches in irgendeiner Form mitgewirkt haben, kann jedoch nur unvollständig sein, denn der Dank gebührt allen, die gerne gut essen und genießen.

Danke an:
Anke Krautmacher, Ellen Vleer, Petra Lüttgau, Ingrid Wanninger, Diana Billaudelle, Jens Billaudelle, Jamira Großmann, Michaela Latour, Joachim Badura, Ernst Lüttgau, Erna und Günther Klum, Marie-Luise Marjan, Britta Heidemann, Roland Böndel, Tobias Simon, Giuseppe Bongiovi, Toni Polster, Reiner Calmund, Harald Weihe, Jörg Angermann, Dirk Porip und Frank Remagen

Kochen ist Liebe, bevor sie durch den Magen geht!
Würzen ist der Moment vor dem „aah!"

Henning Krautmacher

Weitere Titel des E.G. Lüttgau Verlags:

Kölsche Sushis
Köstliche Kleinigkeiten: Fleisch, Fisch, Gemüse und Süßes nach „Kölscher Art"

200 Seiten, Format 11,3 x 16 cm,
Hardcover mit Leseband,
EUR 14,80
ISBN 978-3-929721-12-6

Email: info@eg-luettgau-verlag.de
www.eg-luettgau-verlag.de
www.koelsche-sushis.de

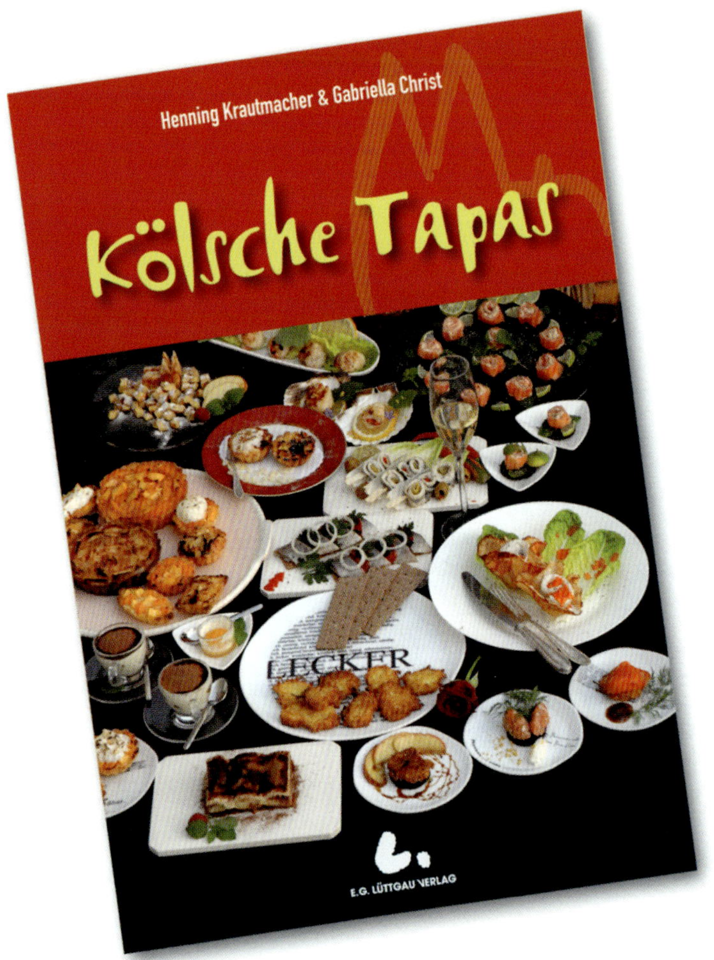

Kölsche Tapas
Kleine Leckereien nach „Kölscher Art"

192 Seiten, Format 11,3 x 16 cm,
Hardcover mit Leseband,
EUR 14,80
ISBN: 978-3-929721-11-9

Email: info@eg-luettgau-verlag.de
www.eg-luettgau-verlag.de
www.koelsche-tapas.de

Woröm de Jungfrau ene Mann es!
Kölsche Fragen – Kölsche Antworten

140 Seiten, Format 15 x 15 cm,
Hardcover mit Leseband,
EUR 12,80
ISBN 978-3-929721-13-3

Email: info@eg-luettgau-verlag.de
www.eg-luettgau-verlag.de

Dä kölsche Knigge
Wat jeht – un wat nit jeht!

180 Seiten, Format 15 x 15 cm,
Hardcover mit Leseband,
EUR 12,80
ISBN: 978-3-929721-14-0

Email: info@eg-luettgau-verlag.de
www.eg-luettgau-verlag.de